"El mate se toma todo el día en las casas y la cortesía del país es ofrecerlo a todos los visitantes, usando la misma calabaza y la misma bombilla para todos, mientras un cebador espera listo para llenarlo otra vez.

En todas las provincias, el viajero cansado, llegue al rancho que llegue, siempre recibirá un acogedor mate, que resultará un gran reconfortante."

Emeric Essex Vidal, 1820

Este libro fue escrito con la ayuda de Nené Weil, cuyo entusiasmo, sabiduría y biblioteca son inagotables, y de mi hermano Carlos que me facilitó todos los libros de los viajeros que visitaron nuestras tierras.

Otros títulos publicados por MAIZAL

Español/Spanish
El tango
El gaucho
Argentina natural
La Cocina argentina
Vinos argentinos
Carne argentina
Indígenas argentinos
Textiles argentinos
El filete porteño
Tiempo de té
Platería criolla
Buenos Aires
Norte Argentino

Inglés/English
The Tango
The Gaucho
Argentine Nature
Argentine Cookery
Argentine Wines
Argentine Beef
Argentine Indians
Argentine Textiles
The Mate
Buenos Aires
Argentina's North

Bilingüe/Bilingual
Teatro Colón
Pintura Argentina/
Argentine Painting
Buenos Aires, Viaje/
Buenos Aires, Journey

Diseño: Christian le Comte y Sophie le Comte

Hecho el depósito que marca la ley 11.723
ISBN 987-97899-3-8
Editado por Maizal Ediciones
Muñiz 438, B1640FDB, Martínez
Buenos Aires, Argentina.
E-mail: info@maizal.com
www.maizal.com

Impreso en marzo de 2007 en RR Donnelley.

Mónica Gloria Hoss de le Comte

El Mate

MAIZAL
EDICIONES

La ceremonia del mate

"Rodeamos el fogón y el mate comenzó a hacer sus visitas."
Ricardo Güiraldes, Don Segundo Sombra, 1926.

La rueda del mate, esa costumbre cotidiana, humilde, sencilla, lenta, es siempre un momento mágico, un momento de tranquilo recogimiento con amigos o en familia. En el mate no hay urgencias ni soledades.

La rueda presupone un ambiente de ceremonia y como toda ceremonia tiene ritos que deben cumplirse siempre de la misma manera. En el campo, alrededor del fogón, se reúnen los paisanos a tomar mate después de un largo día de trabajo. El cansancio lleva al silencio y silenciosamente el mate pasa de mano en mano hasta que de pronto la conversación se suelta. Es el momento de la confraternización y de la comunicación, las confidencias se abren paso. El mate los ha igualado a todos.

Toman mate el camionero y su acompañante en la soledad de la larga ruta (usan un mate llamado precisamente de camionero con boca muy ancha para echar el agua con comodidad a pesar del traqueteo del camino), los estudiantes en las largas vigilias antes de los exámenes, los obreros durante una pausa a medio día.

La palabra "mate"
Los guaraníes llaman "caaiguá" a la calabaza o recipiente que se usa para tomar mate, los quechuas la llamaban "mati" y es esta palabra quechua la que los españoles adoptan para llamar tanto al recipiente como a la infusión que se prepara con yerba. Posiblemente la palabra "mate" les resultara más fácil de pronunciar.

J. L. Pallière (1823-1887) Interior de un rancho

La planta

La Yerba Mate (*Ilex Paraguayensis,* clasificación hecha en 1822 por el botánico de Saint Hilaire) pertenece a la familia de las Aquifoliáceas. Es un árbol de entre 8 y 10 metros de altura aunque hay ejemplares de hasta 16 metros.

El tronco es corto y su lisa corteza es de color grisáceo, su copa verde oscura es muy ramificada. Florece entre septiembre y diciembre y su flor es pequeña y blanquecina. Los frutos, pequeños y esféricos, maduran de diciembre a marzo.

Las hojas son de bordes dentados y aquellas de las ramas terminales sirven de materia prima en la elaboración de la yerba mate.

Necesita una temperatura subtropical, tierra fértil, humedad y el calor del sol ardiente. Se han intentado plantaciones en Asia y África pero no han tenido éxito. El regalo del buen dios guaraní, Tupá, fue exclusivamente para la América guaraní. La semilla de yerba no germina espontáneamente porque está recubierta por una sustancia muy dura que no se deshace en la tierra. Aimé Bonpland (1773-1858), el célebre médico y botánico francés que llegó a la Argentina en 1817 estuvo durante años obsesionado por develar el secreto de la yerba mate ¿cómo podían existir yerbatales naturales? Los Jesuitas habían descubierto la manera de cultivar yerba en almácigos, pero se

habían llevado el secreto con ellos cuando fueron expulsados. Bonpland llegó finalmente a la solución: las semillas necesitan la acidez estomacal de las aves (especialmente los zorzales) para germinar. Las semillas caen del cielo sin la sustancia que las recubre después que los pájaros se hayan alimentado de los frutos del yerbatal.

Bonpland no había leído a Florian Paucke, el jesuita alemán quien cuenta sus experiencias con los indios mocobíes entre 1749 y 1767. En su crónica "Hacia allá y para acá", dice Paucke: "Nadie podría imaginarse la utilidad de estas aves...que están por lo general en los herbales o bosques de té...[ellas] comen con agrado la semilla de esta hierba. Ahora esta semilla es otra vez echada fuera entre el guano de este ave a través de la salida natural."

José Sánchez Labrador (1714-1798), un jesuita español llegado en 1734 que se ocupó de describir la tierra rioplatense, dice: "Los árboles de Yerba, especialmente los llamados Caámini, son hermosos, copudos, altos como un naranjo, y asimismo gruesos. La hoja no es desemejante a la de los naranjos, pero es más suave de tacto, y por la orilla picoteada. Las flores son pequeñitas, de cinco hojas, blancas y arracimadas. La semilla madura se parece a los granos de pimienta; pero se distingue en que la cortecita encierra tres o cuatro semillitas o núcleos blancos, larguitos y algo esquinados. Lavada la simiente en varias aguas claras, suelta una materia viscosa, que levanta espuma como el jabón. Hecha esta diligencia cuando están frescas o sembradas recién cogidas del árbol, fácilmente brotan; si no apenas nace la planta, porque la humedad pudre y no desata la dureza de aquella goma." Más adelante dice, "la madera es bastante floja y esponjosa; no se emplea en obras; pero esta propiedad me dirigió a mí para

El regalo de Tupá
Un desconocido extenuado y hambriento llega una vez a la casa de un pobre viejo que vivía con su hija en la selva guaraní. A pesar de su pobreza el viejo le da albergue al viajero compartiendo con él lo poco que tiene. El desconocido, que resulta ser el buen Dios de los guaraníes, Tupá, creador del cielo, de la tierra, las aguas y todos los seres, les deja un regalo como recompensa por su buena acción, la yerba mate. Hoy en día todavía se evoca al Caá Yará, Señor de la Yerba, para que nunca falte la milagrosa planta.

Ilustraciones
J. Sánchez Labrador, S. J. (1717-1798)

P. Montenegro, S. J. (1663-1728)

F. Paucke, S. J. (1719-1779)

plantarlos en estacas, y ramitos cortados del árbol, y prenden muy bien, si se defienden de los intensos soles y se les mantiene con riego moderado la tierra fresca; descubrirlos en parte de tarde, puesto el sol, y cubrirlos a la mitad de las mañanas."

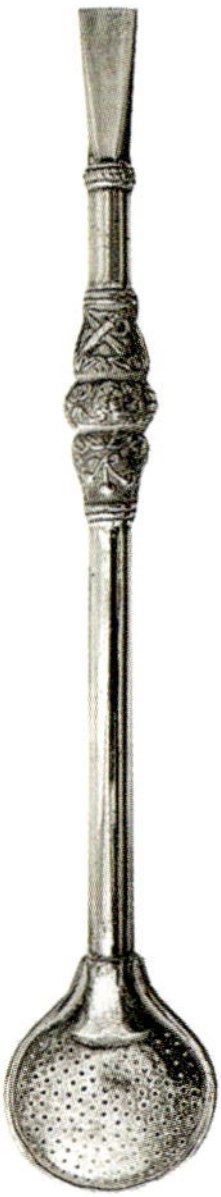

Ilustraciones
F. Paucke, S. J.
(1719-1779)

Univers Pittoresque
(1840)

J. M. Blanes
(1830-1901)
Tomando mate

La elaboración de la yerba

El primer paso en la preparación de la yerba es el sapecado: las hojas cortadas son expuestas al calor para desactivar las enzimas que producen la fermentación, evitar la oxidación y la pérdida del color. Inmediatamente después (no deben pasar más de 24 horas) se hace pasar una corriente de aire a través de las hojas para secarlas.

Una vez secadas, las hojas son trituradas (cancheo) en forma gruesa, embolsadas y estacionadas durante 9 meses. En este tiempo su sabor se realza y adquiere su aroma característico. Después de este descanso comienza la molienda, la yerba es triturada y mezclada con otras yerbas para obtener el corte buscado.

Dice Sánchez Labrador, "Cortados los gajos del árbol los chamuscan a la llama, y después los cuelgan en barbacoas, o casas tejidas de palos, y ponen fuego de ascua debajo, para que se tueste la hoja. Después la muelen en morteros hechos en tierra, la ciernen, y guardan para enzurronarla. Éste es el modo desaseado que tienen los españoles. Los indios Guaraníes tienen morteros de palos, y todo lo necesario para la limpieza. Los españoles no quitan los palillos de las ramas, sino que con la hoja los quebrantan y mezclan: por eso su Yerba se llama de Palos, y no es muy estimada. Los Guaraníes muelen solamente las hojas, y separan las granzas. Ésta es la Yerba Caaminí, tan afamada."

La historia del mate

"[La yerba] es uno de los mayores encantamientos que hay en esta tierra." Nicolás Mastrilli Durán, S.J., Anua de 1628.

Cuenta el padre Paucke que los españoles distinguidos tienen la costumbre de no beber el primer mate "sino que lo hacen beber a su esclava, la mulatilla; luego beben los patrones. El motivo está en que con frecuencia la hierba está mezclada con polvo y arena. Sin embargo, la mulatilla se encuentra muy bien con esto."

Los Guaraníes tomaban la infusión de hojas del Caá en un poro o vasija de barro sin bombilla, colándola entre los dientes y escupiendo las hojitas que les quedaban en la boca o absorbían la infusión fría por medio de cañitas huecas.

Durante las largas caminatas por la selva, ellos solían inclusive masticar la yerba, costumbre que con el tiempo desapareció. La recolección y el acarreo de la yerba desde la selva era un trabajo durísimo para los indios, que debían cargar un peso muy grande atravesando regiones pantanosas.

Los españoles llegados a las tierras guaraníes rápidamente aprendieron a tomar mate y lo llamaron "Hierba del Paraguay" sin saber que las hojas provenían de un árbol que crecía en la selva.

A fines del siglo XVI llegaron los primeros jesuitas para hacerse cargo de la evangelización de los indios.

Al principio los jesuitas consideraron al mate una bebida peligrosa, tanto, que inclusive llevaron el caso al Tribunal de la Santa Inquisición de Lima en 1610. Sin embargo, más tarde la yerba es aceptada e incluso su uso es alentado como gran solución al problema de la embriaguez en las reducciones.

Aimé Bompland
por C. E. Pellegrini
(1800-1875)

La yerba mate pasa a ser la principal fuente de ingresos de los jesuitas, que una vez obtenido el permiso para comercializar el producto en 1645, comienzan a cultivarlo a fines del siglo XVII en las cercanías de las reducciones. De esta manera tienen sus "yerbales hortenses" y "con qué pagar a su Catholico Monarca el justo Tributo, como lo hacen año por año en las Cajas Reales de la Ciudad de Buenos Aires." (José Sánchez Labrador, S. J., Paraguay Natural, 1771).

Salvo durante la expedición de Louis A. de Bougainville (1729-1814), que llevó muestras de la planta a Europa en 1764, nadie se ocupó del cultivo de la yerba mate hasta 1818, fecha en que Aimé Bompland estudia la posibilidad de su cultivo.

A mediados del siglo XVIII el mate va imponiéndose en todas las clases sociales, si bien cada grupo cuida su propia modalidad.

Cuando el mate se comienza a tomar en las casas de Buenos Aires, cada familia tiene una cebadora de mate y a veces hasta tienen dos, una para el mate dulce y otra para el amargo.

Cuando Carlos III por medio de una Real Cédula de 1767, dicta la expulsión de los jesuitas, los pueblos creados por ellos fueron lentamente abandonados. Los cultivos se perdieron y la yerba nuevamente es recolectada por los indios en la selva, donde crece espontáneamente. La venta de la yerba se había convertido en un negocio floreciente.

A principios del siglo XX las primeras plantaciones racionales se hacen en San Ignacio, el antiguo asentamiento de los jesuitas.

Hoy en día hay en la Argentina aproximadamente 130.000 hectáreas cultivadas con yerba mate.

Ilustración
Mapa del Paraguay
(1635)

El curado del mate

"Olorosa como mate curado, la noche...", Jorge Luis Borges, Fervor de Buenos Aires, Caminata, 1923.

Antes de la primera cebada la calabaza de la *Lagenaria Vulgaris* debe ser curada. Curar quiere decir limpiar y sacar los hollejos del interior de la calabaza. Para curarla hay que llenar la calabaza hasta la boca con cebadura amarga usada, echar un chorro de agua caliente y dejarla durante un día. Desechar la cebadura y raspar el interior con el cabo de una cuchara para desprender el tejido blando. Repetir esta operación dos veces, hasta limpiarla totalmente.

J. M. Rugendas (1802-1858) Gauchos mateando

El mate

El primer mate que se usó fue el fruto de una planta trepadora, la *Lagenaria Vulgaris.* Este fruto, llamado calabaza, una vez seco es cortado a la altura del estrangulamiento y ahuecado.

El mate puede tener varias formas: "poro" el que tiene forma de pera, "galleta" cuando su forma es chata; en el campo, el mate galleta se usa para mate amargo y el de forma de pera para mate dulce.

Para diferenciar y embellecer la calabaza se le grabaron o pintaron monogramas, cruces, fetiches, escudos y símbolos patrios, leyendas políticas y todo tipo de mensajes o se la forró con cuero para protegerla, especialmente en las zonas donde era difícil conseguirla.

Cuando el mate se convirtió en un objeto de lujo y entró a los salones, a mediados del siglo XVII, lentamente se le fueron agregando aplicaciones de plata u oro recubriendo la calabaza hasta suplir la vasija vegetal con un mate totalmente de plata.

Mate de madera.

Como la calabaza no siempre se puede mantener sobre su base natural, se la apoyó sobre una base de mimbre, de cuero o de metal. En tierra guaraní, esta base se llama "pataguay".

A veces el mate fue tallado en madera de algarrobo o palo santo, fue hecho de coco, de asta o guampa, de marfil, de barro, de material plástico o de metal enlozado. A principios del siglo XX se fabrican mates de loza y porcelana en Alemania e Inglaterra.

Calabaza guaraní.

El mate de plata fue el objeto más típico que fabricaron los plateros, en los que volcaron toda su fantasía y técnica, hay mates cincelados, repujados, burilados, batidos a martillo, con un platillo para poner bizcochos o flores (salvilla), un brazo para facilitar la entrega del mate (celoso), y hasta se les incluyó una campana para llamar a la cebadora (en mates con forma de cáliz).

Mate de cabeza moldeada globular y asa enroscada. Paraguay.

Algunos mates tienen estilos bien definidos, otras veces combinan muchos elementos de estilos dispares e incongruentes.

En el Paraguay hay una costumbre de modelar los mates globulares en la planta misma mientras están creciendo, usando una gramilla de la selva guaranítica llamada "Ysopo".

Mate peruano. La bombilla atraviesa la tapa que está sujetada al mate.

Muchas veces estos mates, de largo cabo retorcido son adornados con hilos de plata y en el extremo del cabo se le agrega una decoración.

Si bien los mates, especialmente los mates de plata, fueron el orgullo de la sociedad que los usó y hoy son presa de grandes coleccionistas, el matero de ley prefiere una simple calabaza porque dice que la calabaza bien curada contribuye al buen gusto del mate.

Mate chileno. La calabacilla en forma de galleta es desmontable.

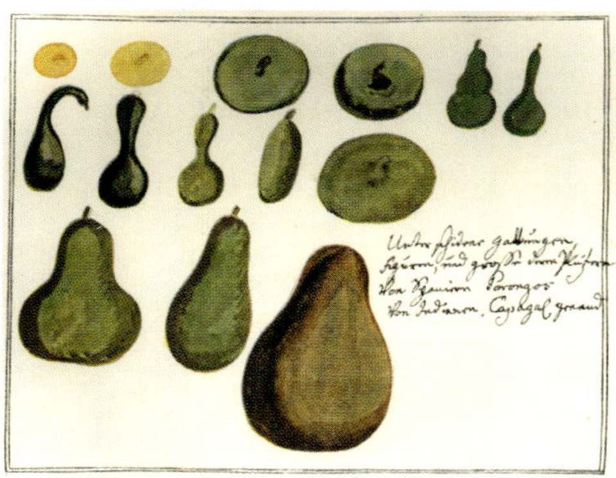

La bombilla

La bombilla es el tubo hueco de caña o metal con un pequeño colador en uno de sus extremos y una boquilla chata en el otro, que se utiliza para tomar el mate de la calabaza.

Antes de la llegada de los españoles, los indios tomaban el mate filtrando las hojas con los dientes. Los españoles, a quienes este sistema no les pareció demasiado elegante, empezaron a usar un apartador, una cuchara chata de metal para correr la yerba a un costado de la calabaza e impedir el paso de las hojas de yerba al tomar el mate. Este apartador se reformó hasta convertirse en lo que hoy llamamos bombilla.

Primero se usó una cañita de tacuapí con un coladorcito de fibras trenzadas en la punta, luego la caña se hizo de metal, imitando el canastito de mimbre con hilos de plata hasta convertirse en la bombilla que tiene comúnmente un colador en forma de paletilla chata o que puede ser también esférico llamado coco. Esta bombilla moderna es desarmable para facilitar su limpieza.

Gracias al talento de los plateros coloniales, las bombillas adoptaron formas diferentes. Las más viejas son más finas y cortas y de una sola pieza, y muchas veces están muy arruinadas por haber sido un objeto usado en la cocina.

La bombilla es compartida por todos los que forman la rueda del mate y fue precisamente esta costumbre que llamó la atención de los viajeros llegados a estas tierras.

Existen bombillas con campanitas para llamar a la cebadora, bombillas en las que el caño se bifurca para enfriar el mate, muchas tienen la boquilla de oro porque se creía en el poder bactericida del oro, otras son enteramente de oro con adornos de todo tipo y las más cómodas son las curvas para tomar mate en la cama.

Ilustraciones F. Paucke, S. J. (1719-1779)

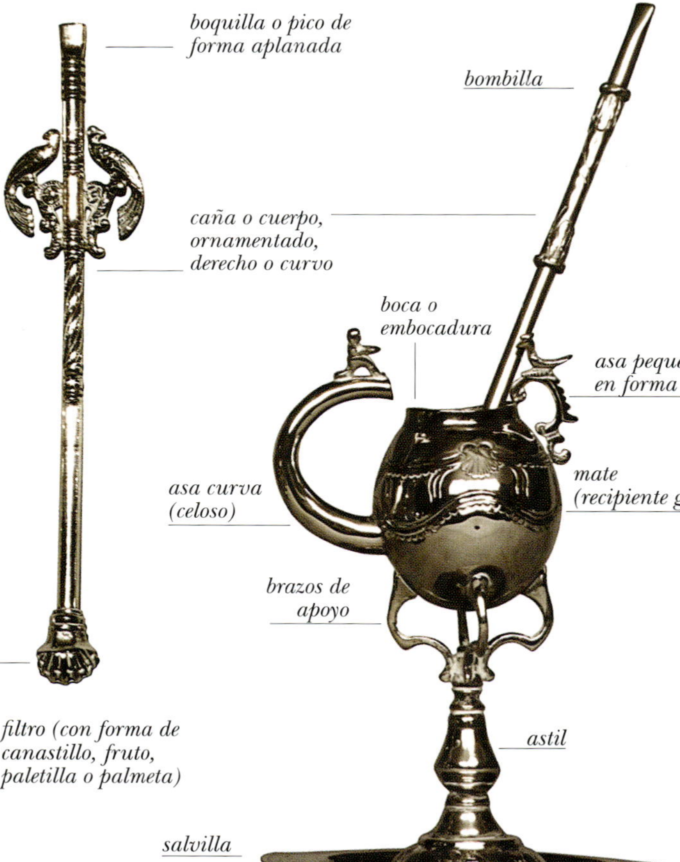

Mate rioplatense de la segunda mitad del siglo xviii.

La yerbera

La yerbera era un recipiente de dos compartimentos separados donde se ponían la yerba y el azúcar para tener a mano todo lo necesario para cebar mate. Comúnmente dentro de la yerbera había una cuchara alargada que servía para llenar el mate. Muchas veces las yerberas tenían una pequeña base en el mango para apoyar el mate.

Mate chileno con tembleques (alambres sujetos al astil rematados en flores y pájaros).

Mate brasileño. Tiene notable ornamentación.

La pava hornillo

La pava hornillo, un invento peruano del siglo XVIII, es un recipiente con un pico vertedor, destinado a calentar el agua para cebar mate en la sala, lejos del fogón o la cocina.

En su interior tiene un compartimento donde se colocan las brasas que se mantienen encendidas gracias a un ingenioso sistema de ventilación. Estas pavas pueden tener forma globular y se apoyan en tres patas o en cuatro si su forma es rectangular.

Mate de Río de Janeiro
muy ornamentado
Mate del Alto Perú
recipiente pequeño con tapa
Mate del Paraguay
atado o globular
Mate de Chile
calabacilla desmontable
Mate del Río de la Plat
con alas móvil
Mate de Chile
ornamentación de tembleques
Mate de la Argentina
con forma de cáliz
América del Sur

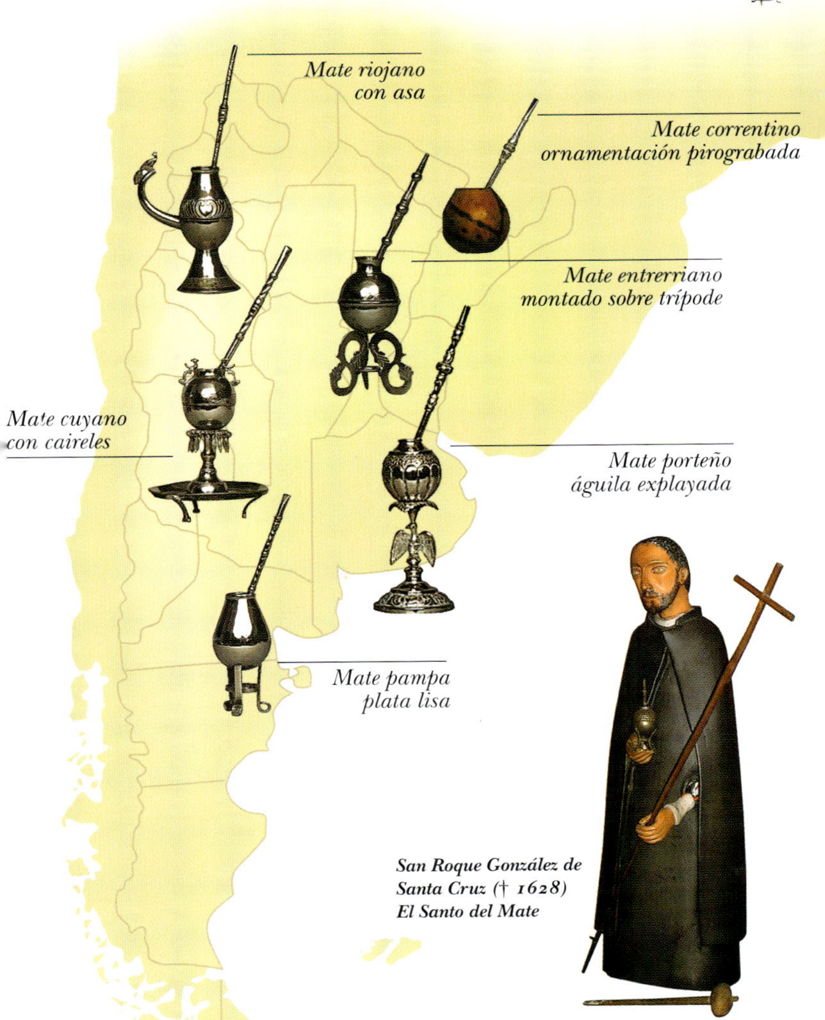

San Roque González de Santa Cruz († 1628) El Santo del Mate

República Argentina

Cómo se ceba el mate

El mate puede ser amargo: cimarrón (como el ganado que crece salvaje), o dulce, agregando azúcar antes del agua cada dos mates (para las mujeres), puede ser de agua fría: tereré, o de leche: norteño, o con leche y miel: el mate misqui de Santiago del Estero.
Se le pueden agregar hierbas como la peperina (en Córdoba), cáscara de fruta, menta o canela.

Para cebar un buen mate se necesita ante todo tiempo y tranquilidad. Dos ingredientes cada vez más raros. Se necesita además una calabaza (el mate) llena hasta la mitad de yerba. El cebador suele poner su mano humedecida sobre la boca del mate y agitarlo para que el polvillo de la yerba se pegue a la mano y no tape la bombilla. Para muchos éste es el momento de poner la bombilla y dejar deslizar el agua sobre ella, otros dicen que hay que echar el agua, dejar que se hinche la yerba y recién entonces clavar la bombilla.

Los que ponen la bombilla antes, muy a menudo echan un chorrito de agua fría y después recién el agua caliente. El agua no debe hervir porque si no se quema la yerba, se pasma el mate. Una vez cebado el mate, no debe moverse la bombilla porque se corre el riesgo de que se tape.

El primer mate, el del zonzo, es para el cebador. Luego se vuelve a poner el agua caliente mojando la yerba de abajo hacia arriba haciendo resbalar el chorro al lado de la bombilla. Cebar es exactamente esto, alimentar el mate.

Al cabo de un tiempo la yerba pierde sabor, se lava y el primer síntoma es la falta de espuma, escencial en un buen mate.

El mate debe ser cebado por una sola persona si no se echa a perder; cuando el cebador se cansa "cuelga el mate", es decir, deja de cebar. Al recibir el mate no hay que decir "gracias", porque al decir gracias se da a entender que no se quiere más.

El mate puede prepararse también como el té, lo que comúnmente se llama mate cocido.

Mate porteño. La bombilla se separa en cuatro cañitos para enfriar el mate.

Las virtudes de la yerba

"Mucha gente [que] acostumbran esta bebida...
conservan los rostros floridos y de bella tez..."
José Sánchez Labrador, S. J. (1771)

La yerba estimula el sistema nervioso, circulatorio y muscular, facilita la diuresis y es un excelente regulador del aparato digestivo. Contribuye a la fijación del fósforo, indispensable

R. A. Q. Monvoisin (1790-1870) Soldado de la Guardia de Rosas

Mate porteño.

para las células nerviosas. Posee además una importante acción benéfica para la memoria y contra la fatiga cerebral.

Contiene metil—xantine, una materia similar a la cafeína, pero que no produce palpitaciones.

Otro uso poco frecuente de la yerba mate es explicado por el padre Sánchez Labrador en su Paraguay Natural, "... puesta a fermentar en agua la Hierba; o para acelerar la operación dándole cocimiento, y exprimiéndola bien después, se logra buena Tinta Negra para escribir. Para esto, no se hace más que, a la infusión o decocción, limpia ya de la broza inútil de la Hierba, hacerla hervir hasta que tome consistencia, y punto espeso, quedando como una masa. Esta masa se toma, se parte en pedazos al gusto.

Una vez que se hace secar, queda la Tinta hecha.

Para evitar que críe moho en el tintero, se le mezclan unos polvos de sal. En la decocción, o infusión, quitada la Hierba, se puede dar una buena preparación a las telas, o hilo, que se pretende teñir en negro, o musgo."

F. Paillet
(1880-1967)
Tres Gauchos Gringos

Recetas

En el campo, en las tardes frías o lluviosas se acostumbra preparar tortas fritas o pastelitos de dulce de membrillo para acompañar al mate.

Mate pampa.

Tortas fritas

Ingredientes: 400 gramos de harina
150 gramos de grasa de vaca
sal, una cucharadita disuelta en agua
agua, cantidad necesaria

Se amasa la harina con la grasa y la sal. Se le agrega el agua lentamente, amasando hasta lograr una masa blanda. Formar un rollo y cortar las tortas aplastándolas a mano hasta conseguir una altura de aproximadamente ¾ cm. Pincharlas y freírlas en grasa bien caliente. Espolvorear con azúcar.

Mate cuyano.

Pastelitos de dulce de membrillo

Ingredientes: ½ kilo de harina común
1 cucharadita de azúcar
1 pizca de sal fina
150 gramos de manteca

C. Morel (1813-1894) La Media Caña

1 taza de leche
½ kilo de dulce de membrillo
aceite o grasa para freir

Se ponen la harina, el azúcar y la sal en forma de corona y en el centro 100 gramos de manteca y la leche. Se mezclan rápidamente hasta formar una masa lisa que no debe ser ni muy dura ni muy blanda. Dejar reposar el bollo tapado durante una media hora. Estirar la masa con el palote, untarla con manteca derretida y doblarla por la mitad. Repetir este procedimiento cuatro veces.

Estirar la masa nuevamente y cortar tiras de 6 cm de espesor y luego en cuadrados de 6 x 6 cm. Se pone una cucharadita de dulce de membrillo en el medio y se las tapa con un cuadrado de la misma medida mojando los bordes con agua para que se peguen. Freír los pastelitos en aceite caliente, bañándolos constantemente con el aceite. Una vez dorados, se retiran y espolvorean con azúcar.

Joven limeña tomando mate.

Mate riojano.

Mate entrerriano.

J. L. Camaña (1795-1877) Jugando al mus

Vocabulario del mate

El mate tiene un vocabulario muy rico con palabras de origen quechua, guaraní y español.

Bostear: quitar parte de la yerba cuando el mate queda corto, es decir que entra poca agua en la calabaza.

Caâ: guaraní, hierba.

Guá: guaraní, grande.

Guampa: cuernos, aspas, astas. En el campo la guampa se usa como vaso o mate.

Guarapo: mate demasiado dulce.

Mate: quechua, vasija. Palabra que denomina tanto la infusión como la calabaza que se usa para tomarlo.

Mate cimarrón: mate amargo.

Mate cocido: yerbao, mate gringo, mate preparado como si fuera té.

Mate de hospital: mate enfriado.

Mate de las Morales: se dice cuando se promete algo y no se cumple. Las Morales no cumplían sus promesas.

Mate estrella: manera de servir el mate en la que el cebador se sienta en el centro de la rueda y le sirve a cada uno de los integrantes.

Mate lloroso: mate que rebalsa.

Mate misqui: quechua santiagueño, mate de leche dulce.

Mate que pela: se llama al mate demasiado caliente.

Mate resero: cada participante de la rueda del mate lo toma y lo ceba para el próximo.

Mate trancado: se dice cuando se tapa la bombilla.

Tacuá: guaraní, caña hueca.

Tacuapí: guaraní, primitiva bombilla de caña.

Apí: guaraní, lisa, alisada.

Tupá: guaraní, ser supremo de los guaraníes, creador, protector y benefactor del hombre.

Tatusiá ese mate, che: se dice cuando el mate pierde gusto, hay que dar vuelta la yerba o poner nueva. Expresión usada en Entre Ríos.

Tereré: mate preparado con agua fría.

Yerba lavada: se dice del mate cebado durante demasiado tiempo y que ha perdido sabor.

Expresiones populares

Si alguien quiere tomar mate y no se lo sirven puede decir:

Mate rioplatense.

La yerba paraguaya
La misionera,
Por todas partes anda
Y aquí no llega.

¿Dónde está Don Mateo,
Que aquí no llega?

Comparaciones con el mate

Caliente como bombilla de lata.

Más criollo que el cimarrón.

Flaco como mate de preso.

Amontonado como media de yerbero.

Liviano como boleadora de mates.

Más manoseada que mate de velorio.

Lo han dejado callado como a pava llena y sin fuego.

Es más viejo que agujero de mate.

Sabe más secretos que bombilla vieja.

Cara de mate trancado.

Cara de mate lavado.

Cara de mate correntino (chato y con manija).

Romperse el mate.

El mate del estribo.

Mate de porcelana fabricado en Alemania.

Refranero

Mate amargo y china pampa
sólo por necesidad.

A. D´Hastrel (1805-1875) La matera y el Cantor de Tristes

Andá nomás con tu azúcar,
que yerba no te ha de faltar.

C. Morel (1813-1894) Una Hora antes de Partir

Tomar mate y no pitar, es como
abrazar y no besar.

J. M. Blanes (1830-1901) El Chiripá Colorado

Eso es calentar el agua pa' que
otro se tome el mate.

¡De dónde yerba! Si
es puro palo.

Habiendo mate
y cueva, dejá que
llueva.

Mate a mate
se vacía la pava.

Al que revuelve el mate se
le tapa la bombilla.

Los viajeros y el mate

C. Morel (1813-1894) La Media Caña (detalle)

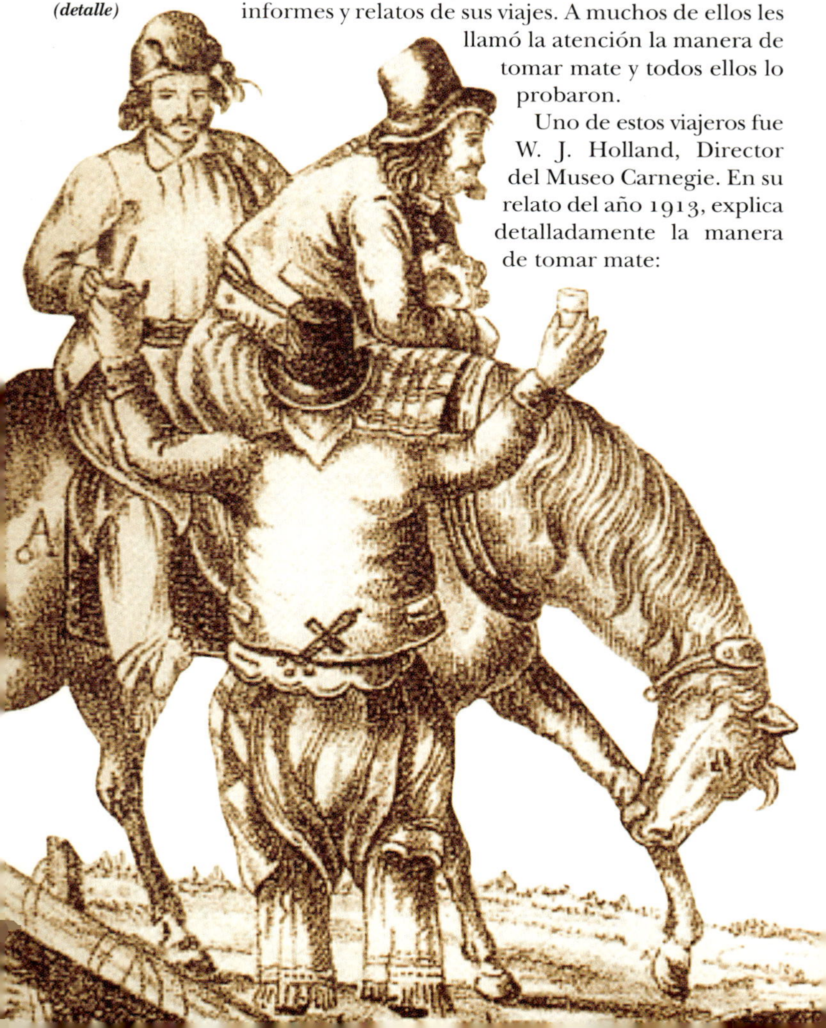

Muchos viajeros llegados a estas costas escribieron informes y relatos de sus viajes. A muchos de ellos les llamó la atención la manera de tomar mate y todos ellos lo probaron.

Uno de estos viajeros fue W. J. Holland, Director del Museo Carnegie. En su relato del año 1913, explica detalladamente la manera de tomar mate:

"...y el agua que ha sido calentada hasta casi el punto de ebullición, es vertida en la calabaza, después de unos segundos la bebida está lista para ser absorbida a través del tubo. Cada vez que el agua se acaba, se le agrega más agua caliente y se continúa tomando. Los criollos en el ambiente rural toman mate a toda hora. La calabaza pasa de mano en mano y cada uno que la recibe, toma su trago de la bombilla, que no debe ser movida porque existe la creencia que revolver la mezcla arruina la calidad del mate.

El miedo al fatal microbio ha sido recientemente implantado en las mentes de los hombres pero no ha penetrado aún convenientemente las comarcas más remotas de América del Sur. No se recomienda entonces para aquellos que tienen este terror, tomar de una bombilla que pasa de boca en boca."

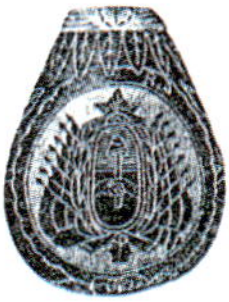

Ilustración de W. J. Holland

Tapa del libro de W. J. Holland, 1913

Otro viajero fue Ernest William White que dice en su libro "Experiencias de un joven biólogo en la República Argentina", Londres, 1881:

"...el Gaucho que tiene pocas necesidades y es pobre entre riquezas inagotables, es el hijo de la despreocupación, con o sin comida, con o sin lugar para guarecerse, un cigarillo, un poco de mate (té paraguayo), una sola comida al día: carne asada al aire libre, sin pan ni hortalizas, su guitarra a la noche y está contento. Si además se le agrega un traje dominguero y su apero con piezas de plata, su orgullo y su placer no tienen límites. Ha alcanzado así el summum de su ambición. No hay mejor estampa de la satisfacción humana."

Índice

F. Paucke, S. J., (1719-1779), Cañas que crecen en la selva

Establecimiento Las Marías: vista aérea de una plantación de yerba mate

Establecimiento Orgánico Kraus: hojas húmedas por el rocío de la mañana

"Desde el Brasil hasta la Patagonia, mate es la bebida preferida para estimular, nutrir, y acompañar reuniones sociales.

Un número creciente de pueblos europeos, asiáticos y de Norte América, conscientes de su salud eligen al mate como una alternativa al café y al té negro."

Joseph Chermesino